Dieses Buch gehört:

____

____

____

Hölkers kleine Küchenbibliothek

Münsterländische Küchenschätze

gesammelt und ausprobiert
von Gisela Allkemper

verlegt von

Wolfgang Hölker

ISBN: 3-88117-326-9
VVA-Nr.: 280/00326-3

Martinistraße 2, D-4400 Münster

Printed in Germany
by Druckhaus Cramer, Greven
Imprimé en Allemagne
Graphische Gestaltung: Rainer Eichler
Fotosatz: Fotosatzetage Ute Ehringhaus, Dortmund
Buchbinderische Verarbeitung:
Klemme, Bielefeld
Musterschutz angemeldet beim Amtsgericht Münster

Inhalt

Vorwort

In diesem Büchlein sind rund 50 Rezepte typisch münsterländischer Gerichte zusammengefaßt. Es ist für die praktische Anwendung gedacht und den Bewohnern dieser Region, den vielen Freunden des Münsterlandes und den Liebhabern seiner herzhaften Kost gewidmet.
Die herkömmlichen Eß- und Trinkgewohnheiten entwickelten sich zunächst aus den natürlichen Eigenarten des Lebensraumes. Was Feld, Wald und Flur an Nahrung hervorbrachten, wurde zu Speisen bereitet von und für Menschen, die zudem ihre besonderen Gewohnheiten hatten, beeinflußt durch Sitte und Brauchtum und geprägt von Nöten und Wünschen, von Mangel und Überfluß, von Geben und Nehmen. Das alles gibt den landschaftsbezogenen Gerichten den Rang von Spezialitäten, eben des Besonderen, dessen, was es nur hier und nirgendwo anders so gibt.

Noch immer ist das Münsterland ein Land der Wiesen, der Weiden und der weiten Felder, die in harter Arbeit aus Eschen und Kämpen, aus Heiden und Mooren urbar gemacht worden sind. Wo die Welt noch in Ordnung ist, stehen seit eh und je die Wallhecken zum Schutz gegen Wind und Wetter. So bietet sich der Eindruck einer Parklandschaft, in die Einzelgehöfte, Hofgruppen, Dörfer und Städte gestreut sind. In vielen Orten gibt es Baumwollspinnereien und -webereien. Aus altem Hausgewerbe hervorgegangen, schwindet heute auch ihre Bedeutung. Doch früher waren sie neben der Landwirtschaft, neben Handwerk und Handel eine wichtige Erwerbsquelle.
Vor unseren Zeiten der Intensivbewirtschaftung war jeder Bauer „Selbstversorger" in des Wortes bestem Sinne. Doch auch die meisten Bürger in den Ortschaften besaßen einen Garten und

konnten ihre Familie mit Kartoffeln, Gemüse, Kräutern und Beeren versorgen. In einem kleinen Stall hielten sie sich Schweine oder Federvieh, um das nötige Fleisch im Topf zu haben.
So reicht denn auch noch heute die Küche des Münsterlandes vom Bäuerlich-Deftigen bis zum Kleinbürgerlich-Schlichten. Und die Münsterländer leben mit Brot und Fleisch, Suppe und Eintopf, Speck und Schinken, mit Eiern und Pfannkuchen, mit Schnaps und Bier einfach und bodenständig, doch gewiß nicht schlecht.
Und nach einem Mahl am blankgescheuerten Eichentisch wird der alte Spruch bestätigt: „Iärten un Drinken hölt Liew un Siäl bineen."

Suppen und Suppeneintöpfe

Brühe „Münsterländer Art“

Wann immer sich die Gelegenheit zu einer ausgiebigen Tafelrunde bietet, also sonntags, an Festtagen oder bei familiären Feiern, bildet die gute, kräftige Brühe den Auftakt des ausgedehnten Mahles.
Diese Suppe wird im Münsterland mit zweierlei Fleisch gekocht: mit einem Suppenhuhn und mit Rindfleisch. Das Fleisch nimmt man nach dem Kochen aus der Brühe und serviert es mit Zwiebelsoße (s. Rezept S. 61) als Zwischengericht nach der Suppe auf dem noch warmen Suppenteller.
Die Suppe erhält als Einlage Blumenkohlröschen, kleine Nudeln, Eierstich, Spargelabschnitte, Mark- oder Grießbällchen.

750 g Rindfleisch zum Kochen (z.B. hohe Rippe)
1 junges Suppenhuhn, 1 – 2 Markknochen,
2 l Wasser, 1 Eßlöffel Salz, 1 Stange Porree,
1 Möhre, 1 Stück Sellerie

Das Wasser mit dem Salz zum Kochen bringen, dann erst das Fleisch zufügen. Aufkochen und abschäumen. Das Fleisch muß etwa 90 Minuten bei geschlossenem Topf kochen. Dann erst das kleingeschnittene und gewaschene Gemüse zufügen. Noch etwa 15 – 20 Minuten lang kochen lassen, bis das Fleisch weich ist. Die Suppe kräftig abschmecken. Das Fleisch aus der Brühe nehmen, in Scheiben bzw. das Hühnerfleisch in große

Stücke schneiden, wieder in die Brühe geben und bis zum Verzehr darin warm halten.

Milchsuppe

Milch- oder Buttermilchsuppen waren noch um die Jahrhundertwende im Münsterland die Frühspeise schlechthin. Bevor die Bauern mit ihrer Arbeit begannen, aßen sie, um 4 oder 5 Uhr in der Frühe, diese Buttermilch- oder Milchsuppen. Sie löffelten sie mit einem Holzlöffel aus Schälchen,

die man beim „Kiepenkerl“ oder beim Töpfer gekauft oder gegen Lebensmittel getauscht hatte. Häufig gab es abends noch einmal solch eine Suppe, danach belegte Brote oder Pfannkuchen und den Rest Gemüse vom Mittag. Milchsuppe war auch wohl in manchen Gegenden des Münsterlandes eine als „Warmbeer“ bekannte, traditionelle Fastenspeise.

1 l Buttermilch oder Vollmilch, 40 g Mehl, 250 g getrocknete Birnen oder Pflaumen, 1 Prise Salz

Die getrockneten Früchte gut einweichen und quellen lassen. Die Milch erhitzen, das angerührte Mehl hineinrühren und quellen lassen. Die Früchte zugeben und gut mit durchkochen. Mit Salz abschmecken. Da Zucker teuer war, wurde diese Suppe nur mit Obst oder eventuell noch mit Honig gesüßt.
Häufig wurde sie mit Buchweizenmehl oder mit Grütze angedickt. Man ließ auch wohl das Obst fehlen und brockte statt dessen trockenen Pumpernickel in das Schälchen.

Beerwarmbeer

Das ist eine heiße Biersuppe, die im alten Ladbergen der Auftakt eines Richtfestessens war. Danach folgten Sauerkraut mit Speck und anschließend „dicker Reis“, mit Zimt und Zucker bestreut.

1/2 l Milch, 1 Prise Salz, 40 g Speisestärke, 1/2 Vanillestange (heute 1 Päckchen Vanillezucker), 60 g Zucker, 1/2 l Bier, 2 Eier

Die Milch wird mit dem Salz, der Vanillestange und dem Zucker zum Kochen gebracht. Die Speisestärke mit etwas kalter Milch verrühren und in die heiße Milch geben. Danach fügt man das Bier hinzu und läßt die Suppe einmal aufkochen. Die nicht mehr kochende Suppe wird mit den

Eigelb abgezogen. Die Eiweiß werden steif geschlagen und mit einem Teelöffel auf die heiße Suppe gesetzt. Man schließt den Topf mit einem Deckel und läßt die Klöße 5 Minuten auf der Suppe ziehen, damit sie fest werden. Die Klöße dürfen nicht kochen.

Soppen

Neben den Milchsuppen waren, vor allem in den bäuerlichen Haushalten, die Soppen eine bevorzugte Frühmorgenspeise. Sie haben nachweislich eine jahrhundertealte Tradition, werden aber heute nur noch vereinzelt zubereitet. Auch der Brauch, nach dem Dreschen „Güött un

Soppen“ (Grützbrei und Soppen) zu reichen, entfällt, da kaum ein Hof noch selbst das Korn drischt.

Stutensoppen

Süßer Stuten, ein Festtagsgebäck im Münsterland, wird in ein Schälchen gebrockt, mit Zimt und Zucker überstreut und mit nur soviel heißer Milch übergossen, daß der Stuten zu einem Brei ausquellen kann. Heiß essen!

Fettsoppen

Altes Weißbrot oder Knabbeln (s. Rezept S. 95) mit heißem Wasser übergießen. Nachdem die Masse gut durchgeweicht ist, das Wasser abschütten. Butter und Schmalz in einem Topf auslassen, den Brei darin aufkochen und salzen. Den Topf stellte man ursprünglich in die Mitte des Tisches, und jeder löffelte daraus, so lange er mochte. Den Holzlöffel (jeder hatte seinen eigenen und speziell gekennzeichneten) leckte man danach sorgfältig ab und legte ihn bis zur Abendsuppe in die Schublade oder hängte ihn ans Tellerbord. Erst nach der Abendmahlzeit wurde er gespült.

Sauersoppen

werden wie Fettsoppen zubereitet. Zum Schluß gibt man einen Schuß Essig und Sahne hinein.

Wurstsoppen

Altes Wurstebrot wird in Würfel geschnitten und eine Nacht lang in kaltem Wasser eingeweicht. Am folgenden Morgen das Wurstebrot mit einem Schuß Essig, etwas Salz und reichlich Apfelstücken 30 Minuten lang kochen. In der Pfanne Speckwürfel (oder Griebenschmalz) auslassen und gesondert dazu reichen. Die Grieben müssen schön kroß sein. Nach Geschmack reichert sich jeder seine Wurstsoppen mit Speck an.

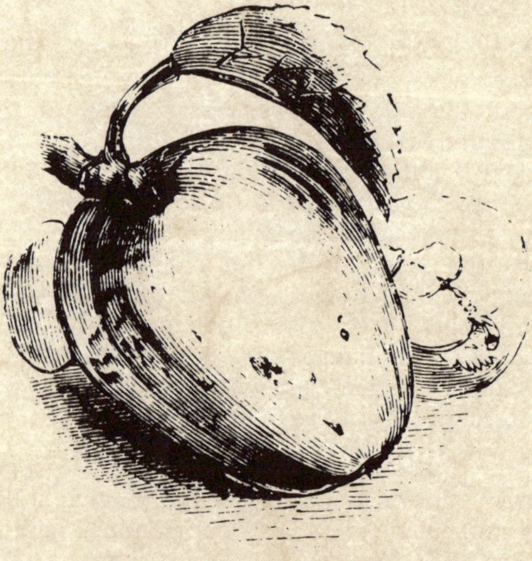

Weiße-Bohnen-Suppe

250 g weiße Bohnen, 2 l Wasser, 2 Bund Suppengrün, Salz, Pfeffer, 500 g Eisbein, 2 Räucherendchen, 500 g Kartoffeln, 2 Zwiebeln, etwas Bohnenkraut

Die Bohnen über Nacht in reichlich Wasser einweichen und am anderen Morgen mit diesem Einweichwasser zum Kochen bringen.
Suppengrün, Eisbein und Mettenden werden nach 30 Minuten Kochzeit zugefügt. Nochmals 60 Minuten kochen lassen. Während der letzten halben Stunde die kleingeschnittenen rohen Kartoffeln mitkochen. Das Fleisch wird klein geschnitten und wieder in die Suppe gegeben. Die glasig gedünsteten Zwiebelringe zum Schluß der Suppe zufügen, mit Salz und Pfeffer abschmecken und mit Petersilie bestreuen.
In manchen Familien läßt man die Petersilie weg und säuert statt dessen die Suppe mit einigen Tropfen Essig an.
Urtypisch, wenn auch nicht für jede Zunge delikat: Eingelegter Hering oder Speckpfannkuchen als Beilage.
Besonders lecker ist diese Suppe, wenn sie von frisch ausgehülsten Bohnen zubereitet wird.

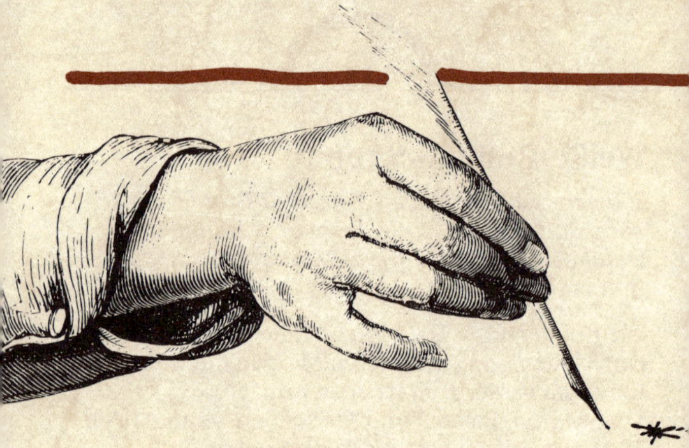

Eigene Rezepte & Notizen

Gemüse und Gemüseeintöpfe

Stielmuseintopf „Knisterfinken“ I

Dieses Gericht ist bei den Münsterländern und über die Grenzen des Landes hinaus beliebt. Es wird gern im Frühling gegessen, da man vorzugsweise die zarten Stiele der Mairüben verarbeitet.

1 kg Mairübenstiele (Stielmus), 30 g Butter, 30 g Mehl, 1/4 l Milch, 750 g gekochte, gewürfelte Kartoffeln, Salz, Muskat, Pfeffer

Die Blätter abstreifen und die Stiele in 3 cm lange Stücke schneiden. Diese Stiele in Salzwasser kurz aufkochen, 5 Minuten garen und abgießen. Aus Butter und Mehl eine helle Schwitze bereiten, mit Milch ablöschen und kurz aufkochen lassen. Die Soße wird gesalzen, mit Pfeffer und Muskat gewürzt und mit dem Stielmus und den Kartoffeln vermischt. Durchziehen lassen! Dazu reicht man Bratwurst oder Speckpfannkuchen.

Stielmuseintopf II

(eine andere im Münsterland beliebte Art)

750 g Rindfleisch (Hohe Rippe), 1 kg Stielmus, Salz, Pfeffer, 750 g Kartoffeln, 2 Eßlöffel Butter, 1 Eßlöffel Mehl, 1 Eßlöffel Milch

Das Fleisch wird in Salzwasser etwa 60 Minuten langsam gekocht, bevor man das junge Stielmus, das vorher sehr gründlich gewaschen und ganz fein geschnitten wurde, in die Brühe gibt. Nachdem dies gut durchgekocht ist, fügt man die kleingeschnittenen Kartoffeln hinzu und gart alles zusammen noch für weitere 15 Minuten. In der Zwischenzeit bereitet man aus Butter, Mehl und Milch einen Kloß, legt ihn oben auf das Gemüse und läßt ihn zerkochen. Der Eintopf wird mit Salz und Pfeffer abgeschmeckt.

Heggengemös

Bevor das erste Gemüse aus dem Garten geholt werden konnte, sammelte man früher an Wegrändern, Wallhecken und Sträuchern das erste frische Grün und bereitete daraus eine schmackhafte und vitaminreiche Suppe.

1 kg junge Brennesseln, Holundersprossen, Stachelbeersprossen, Johannisbeersprossen, Löwenzahn, Spitzen von überwintertem Grünkohl und von Spinat, Porree, Petersilie, 5 Zwiebeln, 500 g Kartoffeln, Salz, Pfeffer, 2 l Wasser und 4 geräucherte Mettenden

Die Mettenden in 2 l Salzwasser etwa eine halbe Stunde lang vorkochen. In der Zwischenzeit die Kartoffeln und Zwiebeln schälen und würfeln, das junge Gemüse gründlich putzen, waschen, sehr fein hacken und in die Brühe geben. In der Brühe etwa 15 Minuten lang weich kochen. Mit Salz und Pfeffer pikant abschmecken.

ICE
MILK
KENT

Münsterländer Jägerkohl

200 g durchwachsener Speck, 4 Zwiebeln, 1 Eßlöffel Essig, 2 Äpfel, Salz, 750 g Weißkohl (geschnitten und abgekocht), 1 Eßlöffel Mehl, 1/8 l Bouillon, Pfeffer

In einem flachen Topf läßt man den Speck aus und brät darin die Zwiebelwürfel; danach den Essig, die Apfelscheiben und das Salz zugeben. Alles gut umrühren! Dann fügt man den Weißkohl hinzu und dünstet unter Umrühren weitere 20 Minuten. Zum Schluß das Mehl darüber stäuben und mit Bouillon angießen, bis eine helle Soße entstanden ist. Diese mit Salz und Pfeffer abschmecken.
Man reicht dazu Salzkartoffeln und Speckpfannkuchen (s. Rezept S. 73).

Schnibbelbohneneintopf

Da sich dieses Gericht im Münsterland früher ganz besonderer Beliebtheit erfreute, wurden die Schnibbelbohnen in großen Steintöpfen mit Salz eingestampft und dann über den Winter aufgehoben. Man nennt sie in manchen Orten auch „Fiezebohnen". Dazu aß man gekochten Bauchspeck mit Senf.

500 g grüne Stangenbohnen, 500 g Kartoffeln, 40 g geräucherter Speck, 2 kleingeschnittene Zwiebeln, 20 g Fett zum Braten, 20 g Mehl, 1/4 l Wasser, Salz, Pfeffer, Bohnenkraut, Essig, Zucker

Die Bohnen reinigen, putzen und in kleine Stücke schneiden. In vielen Familien werden sie durch eine Schnibbelmaschine gedreht und so in feine Scheibchen geschnitten. Die Bohnen in reichlich Salzwasser gar kochen und auf einen Durchschlag schütten. Die Kartoffeln schälen, in Würfel schneiden und in Salzwasser garen. Den Speck würfeln. Aus Speck, Fett, Zwiebelwürfeln, Mehl und Bohnenwasser eine helle Soße zubereiten. Die Bohnen und Kartoffelwürfel untermengen, mit Essig und Zucker süß-sauer abschmecken und mit Bratwurst oder Hackfleischbällchen servieren. Häufig gibt es dazu auch nur Mehlpfannkuchen.

Dicke Bohnen mit Speck

Die große Verbreitung dieses deftigen Gerichtes läßt der plattdeutsche Spruch aus alten Zeiten erkennen:

Jau, de schönste Tied von'n Summer
Is de Grautebaunentied –
In de Grautebaunentied,
Buk, wär mi no maol so wiet!

1 kg große Bohnen (auch „Dicke Bohnen", „Pferdebohnen" oder „Saubohnen" genannt), 1 kg gekochte Kartoffeln, 2 Zwiebeln, 80 g geräucherter, durchwachsener Speck, Salz, Pfeffer, 1/4 l Wasser, 20 g Mehl, Bohnenkraut

Die Bohnen aushülsen und in kochendem Salzwasser garen. Die kleingeschnittenen Zwiebeln und die Speckwürfel anbraten, mit Mehl anschwitzen und mit dem Gemüsewasser ablöschen. Die Bohnen und die gekochten, in Würfel geschnittenen Kartoffeln unter die Soße heben. Mit Salz, Pfeffer und Bohnenkraut pikant abschmecken. Dazu gibt es Bratwurst, gebratene Fleischbällchen oder gekochten Speck.

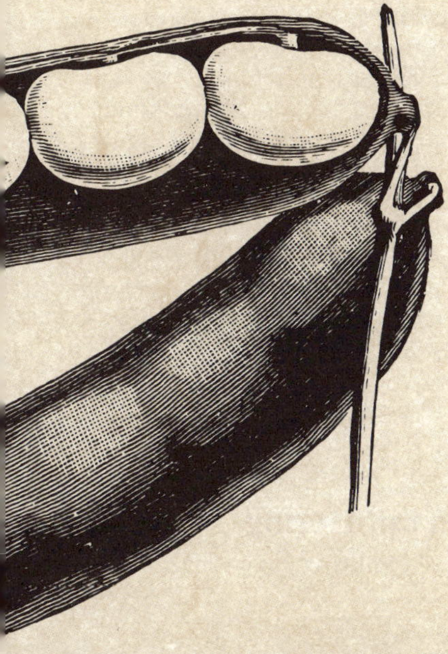

Gebackene Bohnen

250 g weiße Bohnen, 1 l Wasser, 500 g Bauchfleisch, 1 Zwiebel, Salz, etwas Bohnenkraut (wer mag), 40 g Mehl, 20 g Butter oder anderes Bratfett, 60 g in Würfel geschnittener Speck

Die Bohnen werden über Nacht in Wasser eingeweicht und am anderen Tage mit dem Einweichwasser, den Gewürzen, Kräutern und dem Bauchfleisch 60 Minuten gekocht. Aus Fett, Speck und Mehl bereitet man eine helle Mehlschwitze und löscht sie mit soviel Brühe ab, daß eine nicht zu dicke Soße entsteht. Unter diese Soße zieht man die halbgaren Bohnen, schiebt den Topf in den Backofen und läßt das Gericht noch einmal 60 Minuten bei 220 Grad quellen. Man schmeckt den „Topf" pikant ab und säuert ihn eventuell leicht mit Essig. Dazu werden Pellkartoffeln und eingelegter Hering gegessen.
Das gekochte Bauchfleisch aß man früher kalt aufgeschnitten auf Pumpernickel, dick mit Senf bestrichen und gepfeffert. Dazu schmeckte dann ein Gewürzgürkchen recht gut. Für die Arbeit nach dem 2. Frühstück war das eine gute Grundlage.

Graue Erbsen mit Hering

ist ein beliebtes Aschermittwochgericht.

250 g graue ungeschälte Erbsen, 100 g Fett (Schmalz, Speck usw.), 4 dicke Zwiebeln, 1/2 l Wasser oder Brühe, 40 g Mehl, etwas Essig, Zucker

Die Erbsen über Nacht einweichen und am anderen Morgen in dem Einweichwasser 2 Stunden lang weich kochen. Das Wasser abschütten, die Erbsen mit kochendem Wasser erneut überbrühen. Das Fett zerlassen, die Zwiebeln in Scheiben schneiden und in Fett glasig schmoren. Mit Brühe ablöschen, die Zwiebeln einmal durchkochen und mit Mehl zu einer hellen Soße binden. In diese Soße gibt man die Erbsen und schmeckt das Gericht süß-sauer ab.
Dazu ißt man Salzkartoffeln und sauer eingelegte Heringe. Nur für gute, starke Mägen geeignet!
Ein Tip: Graue Erbsen kann man auch wie eine übliche Erbsensuppe kochen. Damit diese bekömmlicher wird, kocht man 1/2 Teelöffel Natron mit. Doch Vorsicht, Natron braust leicht auf!

Grünkohlessen

Der Grünkohl, in manchen Gegenden auch Braunkohl genannt, ist **das** Wintergemüse schlechthin. Früher war es das einzige frische Gemüse, welches noch im Winter im Garten wuchs, und es war deshalb auch fast täglich – neben Sauerkraut und Fiezebohnen aus dem Faß – die Bereicherung der „Speisekarte“. Wen wundert es da, daß so viele offizielle Einladungen zum Essen auch Grünkohl aufwiesen? Denken wir an den norddeutschen Raum, wo Braunkohl mit Brägen- bzw. Pinkelwurst zu jedem Festessen gehören, und schlagen wir Brücken nach Westfalen, wo Kohlessen, wie z.B. in Herford-Radewig, in Gütersloh und im Siegerland, noch in Mode sind und in jedem Winter das Einerlei des Alltags beleben. Im Münsterland serviert man Rippchen, Bratwurst oder Mettendchen zum Grünkohl. Und noch eins: Grünkohl schmeckt erst richtig gut, wenn der erste Frost „darüber gegangen“ ist. Er nimmt dem Kohl die Bitterstoffe und wandelt diese um in zarte Süße.

1500 g Grünkohl, 60 g Schmalz, 2 Zwiebeln, 1/4 l Wasser, Salz, Pfeffer, 4 geräucherte Mettendchen, 500 g frische Bratwurst oder 500 g Rippchen vom Schwein, dazu: 1 kg Salzkartoffeln, gewürfelt und fertig gekocht

Den Grünkohl gründlich waschen und kurz abkochen. Das Wasser wegschütten, den Kohl fest ausdrücken, der nun in Streifen geschnitten wird. Die Zwiebelringe und die Wurst oder Rippchen in dem Schmalz goldgelb anbraten, den Grünkohl mit anschmoren und mit dem Wasser ablöschen. Salzen und pfeffern! Mettendchen obenauf legen und mitschmoren. Zum Schluß die Kartoffeln unter das Gemüse heben.
Im Beckumer Raum kocht man gern 2 – 3 Winterbirnen im Gemüse mit; sie erhöhen das Aroma und

machen den Kohlgeschmack etwas lieblicher. Die Birnen werden ungeschält beigegeben und nach dem Garen gesondert zu dem Eintopf gereicht.

Eigene Rezepte & Notizen

Hausschlachtung

Vom Schlachten

Für die Münsterländer war und ist das Schwein ein besonders wichtiges Tier. In alten Einkünfteverzeichnissen von Klöstern z.B. werden Schweine verschiedener Güteklassen vielfach als Abgaben von den zugehörigen Höfen aufgeführt. Jeder Hof, ja fast jeder Haushalt hielt ein oder mehrere Schweine zum Eigenbedarf. So schreibt der französische Emigrant Baston, Generalvikar von Rouen, der während der Französischen Revolution 7 Jahre lang in Coesfeld lebte: „Was das Fleisch anbelangt, so ißt alle Welt Schweinefleisch. Eine bis an den Bettelstab verarmte Familie zieht doch noch ein Schwein auf. Die anderen haben ihrer zwei, drei, bis zu fünf. Und was für Tiere!! Sie wiegen 300 - 400 Pfund, doch sind sie weniger fett als fleischig."

Gewöhnlich wird um Allerheiligen herum das erste Schwein geschlachtet, das letzte kurz vor Ostern. Das Schlachten besorgt ein nebenberuflich tätiger Hausschlächter. Er beginnt seine Arbeit morgens recht früh.

Nach dem Abstechen, Ausbluten und Borstenschaben zerteilt er das Schwein in zwei Hälften und hängt es zum Auskühlen nach draußen an eine Leiter. Der Schlachttag ist - trotz der vielen Arbeit - ein Festtag. Nachbarn helfen, das Schwein zu zerlegen, zu verwursten und einzukochen. Abends ist großes Schlachtfest mit allen Helfern. Dabei fließen reichlich Korn und Bier. Es versteht sich von selbst, daß auch ebenso reichlich von den frisch zubereiteten Wurstsorten, vom Gehackten und vom gebratenen Fleisch probiert wird. Die Nachbarn und Verwandten bekommen zum Dank für die Hilfe Fleisch- und Wurstproben mit nach Hause – meist einen „Ringel" Mettwurst, auch Leberbrot und Wurstebrot und ein „Rückenstück". Auf größeren Höfen schlachtete man früher – heute selten – im November noch ein Rind, um auch andere Wurstwaren herstellen zu können. Dieser Schlachttag endete dann mit einem Töttchenessen (s. Rezept S. 62).

Schinken

Wer das Münsterland bereist, findet in fast jeder Gaststätte eine deftige Schinkenplatte auf der Speisekarte, bestehend aus Stuten, Pumpernickel, Butter und hauchdünn geschnittenem Schinken. Dazu gibt es einen „Klaren" und ein kühles Bier.

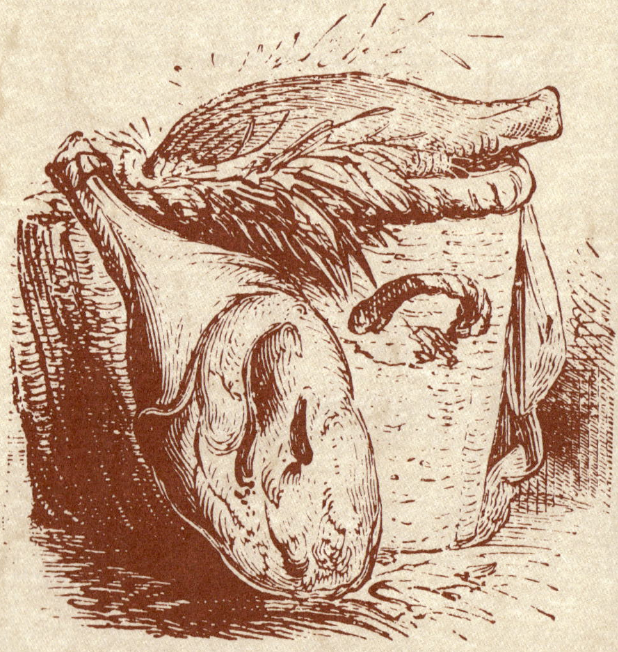

Schon im Mittelalter wurde der Münsterländer Schinken wegen seines vorzüglichen Geschmacks gerühmt. Dieser rührt daher, daß die Schinken – hie und da auch heute noch – im „Wiemen", dem Rauchfang des Herdfeuers, mit Buchenholz und Wacholderbeeren geräuchert und getrocknet werden. Die Schinken werden nach dem Auskühlen des frisch geschlachteten Schweins aus den Schweinehälften geschnitten, gepfeffert (besonders am Knochen) und etwa 4 Wochen lang in trockenes Pökelsalz gelegt. Danach wäscht man sie ab und wässert sie 1 – 2 Tage lang, je nach Größe. Anschließend werden sie sorgfältig abgetrocknet, mit ein wenig Salpeter eingerieben (1/2 Teelöffel voll pro Schinken), damit die schöne rote Farbe erhalten bleibt, und in den Wiemen gehängt. Dort bleiben sie, bis die ersten Fliegen kommen. Weil schon eine einzige Made den Schinken verderben kann, wird er sofort in luftdurchlässige Leinensäckchen gehängt, die oben fest zugebunden sind. Zur Spargelzeit kann man ihn endlich anschneiden. Er muß jedoch immer wieder gut verpackt in den Kamin zurückgehängt werden.

Es ist ein Vergnügen, im Winter am prasselnden Herdfeuer zu sitzen und hin und wieder in den Wiemen zu schauen, wo Mettwürste und Schinken beieinander hängen. Ein wohlgefüllter Wiemen ist der Stolz des Bauern, und „Wiemelgemös is dat beste"! Hier ist wahrlich der „westfälische Himmel".

Mettwurst

5 kg Schweinefleisch (Vorderschinken),
125 g Salz, 10 g gemahlener Pfeffer, 5 g Salpeter

Nachdem das Fleisch von der Schwarte abgetrennt und das Fett teilweise entfernt wurde, dreht man es durch die grobe Scheibe des Fleischwolfes. Diese Masse wird gesalzen, gepfeffert und gut geknetet. Dann muß sie 2 Stunden durchziehen. In dünne Därme füllen (Wichtig: Es sollten möglichst keine Blasen entstehen.), zu Ringen oder langen Würsten abbinden und für einige Tage an der Luft trocknen. Danach werden die Würste zum Räuchern gebracht.
Heute bindet man übrigens die Würste nur mit Band ab. Früher aber schickte man einige Tage vor dem Schlachten die Kinder zu den Weißdornhecken. Dort mußten sie lange „Dörner" abbrechen, mit denen dann die Würste zugesteckt wurden. Manche ältere Frau hat sich auch im Winter durch Wurstdörnersammeln ein paar Pfennige dazu verdient.

Leberbrot und Wurstebrot

schmecken im Winter zum zweiten Frühstück oder des Abends besonders gut. Beide Wurstsorten werden in Scheiben geschnitten und zu gleichen Teilen in der Pfanne mit Schmalz gebraten. Gleichzeitig backt man Apfelscheiben mit. So

servieren: Die gebratene Scheibe Wurstebrot auf die gebratene Scheibe Leberbrot legen. Darauf – als Krönung – die Apfelscheibe.

a) Leberbrot

5 kg Schweinefleisch, 1 kg Schwarten, 2 kg Leber

werden zweimal durch den Fleischwolf gedreht und mit etwas Brühe zu einer weichen Masse verarbeitet. Zu 10 Kellen Wurstmasse benötigt man dann

300 g Speckwürfel, 2 – 3 Handvoll Mehl, Fleischbrühe, Leberwurstgewürz

Die Masse mit Speckwürfeln mischen, mit Fleischbrühe verdünnen und mit Mehl zu einem nicht zu dicken Brei verarbeiten. Pikant mit Leberwurstgewürz abschmecken, in Papierdärme füllen und diese zubinden. Die Därme sollten nur zu drei Vierteln voll sein. Die Würste bei 80 Grad etwa 45 Minuten lang in einem großen Kessel kochen, der halb mit Brühe gefüllt ist. Während des Kochens ab und zu in den Darm stechen, damit die darin befindliche Luft entweichen kann. Nach dem Kochen werden die Würste an der Luft getrocknet. Ein paar Tage später schon können davon Scheiben zur ersten Mahlzeit abgeschnitten und in der Pfanne gebraten werden.
Man ißt Leberbrot heiß, zusammen mit Wurstebrot, und trinkt Kaffee dazu.

b) Wurstebrot

10 l frisches Blut, 2 1/2 kg Schrot,
500 g Speckwürfel, Pfeffer, Nagelpfeffer, Salz,
Kumin, Piment

Das frische, warme Blut mit dem Schrot und den Speckwürfeln vermengen und mit den Gewürzen pikant abschmecken. Papierdärme werden zu 3/4

gefüllt, zugebunden und wie Leberbrot gekocht. Sollte nicht genügend Blut vorhanden sein, so füllt man mit Brühe auf.
Früher wurde Wurstebrot, das alt und hart geworden war und sich zum Braten nicht mehr eignete, zu Wurstsoppen (s. Rezept S. 24) verarbeitet.

Halber Kopf „Backe“

Schade, daß man „Backe“ heute kaum mehr kennt! Sie ist kalorienreich, das sei zugegeben, aber die älteren Leute schwärmen sicher zu Recht noch davon. Was wäre Weihnachten im Münsterland gewesen, wenn es nach der „Ucht“, also der Frühmesse, nicht „Backe“ gegeben hätte? Und erst Ostern! Nach langem Fasten schnitt man, landauf, landab der Suppen und der kargen Speisen

überdrüssig, am Ostersonntag zum Frühstück nach der Frühmesse entweder den ersten Schinken an, oder es gab „Backe“. Sie wurde oft schon Tage vorher abgekocht und in eine Marinade aus Essig, Wasser, Salz, Zwiebeln und Lorbeerblättern eingelegt. Herrliche Schlemmertage standen ins Haus!

1 geräucherter Schweinekopf, Salz, Wasser, weißer Pfeffer, viele Zwiebeln

Den Schweinekopf in reichlich Salzwasser gar kochen. Das Fleisch mit der Schwarte aus den Backen lösen, die Schwarten vorsichtig abtrennen, alle Teile salzen und pfeffern. Die Fleischseite dick mit Zwiebelscheiben belegen, die Schwarte darüberklappen und das Ganze auskühlen lassen. Dünn aufschneiden und auf Pumpernickelscheiben legen.

Eigene Rezepte & Notizen

Fleischgerichte

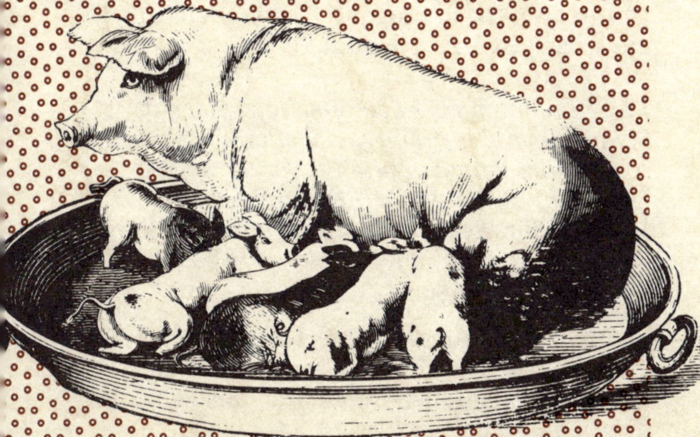

Pfefferpotthast

Mit Sicherheit schon früher bekannt, ist das Gericht aber erstmals 1378 urkundlich erwähnt. Damals nämlich verriet in Dortmund eine gewisse Agnes von der Vierbecke die Stadt, indem sie durch Charme und persönliche Beziehungen die Wächter der Stadttore zu den Fleischbänken schickte, um Pfefferpotthast zu holen. Damit wollte sie Zeit gewinnen, um den Feinden die Stadttore öffnen zu können. Aber die Wächter im Stadtinnern hatten „Lunte gerochen" und Alarm geschlagen, so daß die Einnahme Dortmunds nicht zustande kam.
Den Namen „Pfefferpotthast" leitet man so ab: Pfeffer-: scharf gewürzt; -pott-: Topf; -hast: gesottenes Fleisch (Ragout). Das Gericht ist also ein scharfgewürztes Ragout.

1 kg Rinderkamm, 1 Teelöffel Salz, 500 g in Scheiben geschnittene Zwiebeln, 70 g Schmalz, 10 im Mörser zerstampfte Pfefferkörner, 1 großes Lorbeerblatt, 2 Nelken, 1 Eßlöffel Kapern, 1 l Fleischbrühe, Saft und geriebene Schale einer Zitrone, einige Eßlöffel Paniermehl zum Andicken der Soße

In den Haushaltungen variiert man mit dem Fleisch. Viele Hausfrauen nehmen Schweinerippchen, andere mischen Rindfleisch und Schweinefleisch im Verhältnis 1:1.
Das Fett in einer großen Kasserolle erhitzen. Das

in grobe Würfel geschnittene Fleisch wird unter häufigem Wenden nur kurz angebraten. Man gibt die Zwiebeln zum Gelbrösten dazu, löscht mit Brühe ab und würzt den „Pott“. Das Fleisch muß 1 1/2 Stunden lang schmoren, bis es weich ist. Man bindet die Soße und schmeckt mit Zitronensaft und Kapern würzig ab. Eine Prise Zucker macht den Potthast lieblich.
Als Beilage reicht man Salzkartoffeln sowie Gewürzgürkchen und als Getränk ein Bier dazu.

Rindfleisch mit Zwiebelsoße

1 kg Rindfleisch (gekocht, s. Rezept S. 18)
Soße: 250 g Zwiebeln, 40 g Butter oder Margarine, 40 g Mehl, 3/8 l Brühe, Salz, Pfeffer, Zucker, Essig

Zubereitung der Soße: Die Zwiebeln abziehen und in Würfel schneiden. Das Fett auslassen, die Zwiebeln goldgelb rösten und mit Brühe ablöschen. 5 Minuten lang kochen. Die Soße mit Mehl andicken, mit Salz, Pfeffer und Zucker würzen, Essig dazugeben und süß-säuerlich abschmecken.
Das Fleisch in Scheiben schneiden und in der Suppe warm halten.
Früher wurde dieses Gericht bei Hochzeiten serviert. Das Fleisch richtete man auf heißen Platten an; es wurde nach der Suppe vom Suppenteller gegessen. Darüber goß man reichlich Zwiebelsoße und aß dazu ein Gewürzgürkchen,

rote Bete oder Kartoffelsalat. Bis heute hat sich dieser Brauch erhalten, aber er schwindet mehr und mehr zugunsten des „Montagessens". Bei dieser Abwandlung wird das Fleisch in Würfel geschnitten und in die Soße gegeben. Es wird als Ragout zu Salzkartoffeln mit einem Gewürzgürkchen aufgetischt.

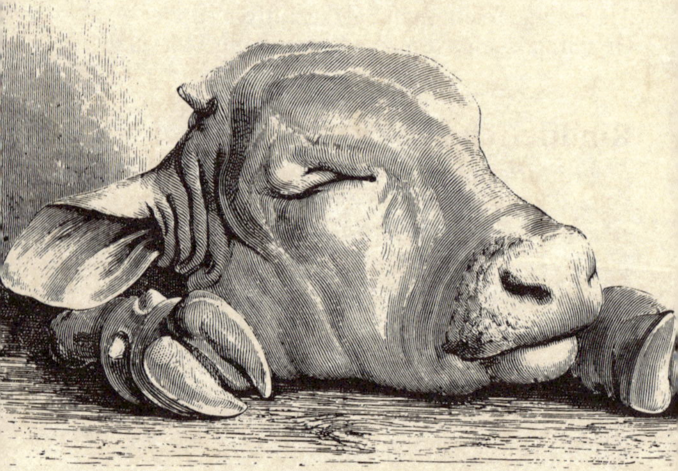

Töttchen

Töttchen ist im Münsterland bekannt und beliebt. Es wird häufig am Montag nach einem Schützenfest oder als Abschlußessen nach einer Hochzeitseinladung gereicht.

Ursprünglich bereitete man Töttchen aus Rindfleisch oder Kalbskopf, Lunge und Herz zu, heute aber findet man am häufigsten folgende Zusammenstellung:

700 g Kalbsschulter oder Brust (schier) oder 1 Kalbskopf, 1 Zwiebel, 1 Eßlöffel gewürfelte Zwiebeln, 1 Lorbeerblatt, 2 Eßlöffel Pflanzenfett, 1 Nelke, 2 Eßlöffel Mehl, 1 Teelöffel Salz, 1 Eßlöffel Senf, Worcestersauce

Kalbsschulter oder Brust (Kalbskopf) mit Zwiebel, Lorbeerblatt und Nelke in ca. 1 1/2 l Wasser gar kochen (etwa 1 1/2 Stunden). Das Fleisch aus dem Fond nehmen, etwas abkühlen lassen und von Fett und Sehnen befreien. Den Kalbfleischfond durchsieben und zurückstellen. Nun das Fleisch in ca. 1 – 2 cm grobe Würfel schneiden.
Aus 2 Eßlöffeln Pflanzenfett, 3 Eßlöffeln Mehl und 1 Eßlöffel Zwiebelwürfeln bereitet man eine Mehlschwitze, die mit dem passierten Kalbfleischfond aufgefüllt wird. Das alles wird kurz aufgekocht, das in Würfel geschnittene Fleisch dazugegeben und mit Senf, Salz und je nach Geschmack mit Worcestersauce abgeschmeckt. Dazu reicht man frische Brötchen und ein kräftiges Bier.

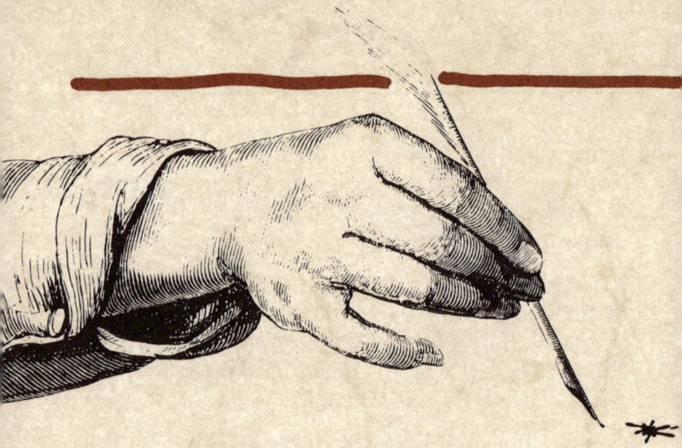

Eigene Rezepte & Notizen

Kartoffel- und Pfannengerichte

Gebackene Kartoffeln

Die Kartoffelernte setzte früher die ganze bäuerliche Familie im Frühherbst in Bewegung. Beim Ausmachen fiel den Kindern das Auflesen der Kartoffeln zu. Die Herbstferien hießen nicht von ungefähr „Kartoffelferien", und wenn die Witterung es nicht anders zuließ, fand sich immer ein Weg, um die Kinder auch noch stundenweise vom Schulunterricht befreien zu lassen.

Abends wurde als letzte Arbeit das Kartoffelkraut gesammelt, zu einem hohen Haufen aufgetürmt und angezündet. Die Kinder warfen einige der frischausgemachten Kartoffeln zum Schmoren in die heiße Asche. Daß sie nicht ganz gar wurden, störte niemanden, denn der Spaß am Lagerfeuer, das Pellen der glutheißen Kartoffeln mit den Händen, das Essen in der kühlen Abendluft waren Reiz und Lohn für sich. Ohne Löhnung ging's natürlich auch nicht: Neben duftendem Kaffee, Appelstütkes (s. Rezept S. 105) und kräftigen Butterbroten zur Nachmittagspause bekamen die Kinder 50 Pfennige, die Erwachsenen eine Mark für ihre Arbeit.

Kartoffeln in der Asche des Grills, in Folie oder im tönernen Kartoffeltopf zu garen, ist in ihrer Idee also gar nicht so neu. Sie ist den einfachen Zubereitungs- und Eßgewohnheiten früherer Zeiten gut abgeguckt – nur: Was früher zum Alltag gehörte, das ist heute ein Party-Hit.

Bauernfrühstück

750 g gekochte Kartoffeln, 1 Eßlöffel Schmalz, 100 g Speckwürfel, 100 g geräucherter Schinken in Scheiben, 3 Zwiebeln, 4 Eier, Salz, Petersilie

Das Fett in der Pfanne erhitzen, die Speckwürfel und die in Scheiben geschnittenen Kartoffeln anbraten. Danach werden der in Streifen geschnittene Schinken und die Zwiebelwürfel dazugegeben und kurz mitgebraten. Die Eier mit dem Salz verschlagen und über die Kartoffeln gießen. Der Deckel wird aufgelegt, damit die Eimasse stocken kann. Diese Bauernpfanne

bestreut man mit Petersilie und reicht dazu alle Arten von frischen Salaten: Kopfsalat, Bohnen-, Gurken-, Feldsalat mit Sahnesoße.
Das Gericht wurde in früheren Zeiten als 2. Frühstück in vielen Bauernfamilien des Münsterlandes gegessen. Nur im Winter verdrängten es Leberbrot und Wurstebrot. Bei der schweren körperlichen Arbeit, die schon im Morgengrauen einsetzte, benötigten die Bauern eine deftige Zwischenmahlzeit.
Heute wird ein Bauernfrühstück oft mittags als preiswertes Gericht serviert.

Kartoffel- oder Reibeplätzchen

Kartoffel- oder Reibeplätzchen waren früher – und sind es auch wohl heute noch – beliebt als Freitagessen. Während sie in den Privathaushaltungen durchweg mittags gegessen werden, ißt man sie auf den Bauernhöfen am Abend. Übriggebliebene Reibeplätzchen werden bei der nächsten Mahlzeit wieder aufgewärmt oder kalt auf Schwarzbrot oder Stuten mit Rübenkraut angeboten.

1 kg Kartoffeln, 1 Teelöffel Salz, 2 Eier,
2 Eßlöffel Mehl
Fett: Mischfett – Speckwürfel und Schmalz,
heute: Öl

Die rohen Kartoffeln sollte man erst kurz vor dem Backen reiben, da sie durch längeres Stehen unansehnlich werden. Hinzu kommen das nötige Salz, die Eier und das Mehl, dann wird die Masse gut verrührt. Man gibt sie löffelweise in eine heiße, gefettete Pfanne und backt die kleinen, dünnen Kuchen unter einmaligem Wenden knusprig braun. Beilage: Apfelmus oder grüner Salat.

Buchweizenpfannkuchen

Buchweizenpfannkuchen ist ein anspruchsloses, jedoch nahrhaftes Gericht. Kenner essen ihn mit

Rübenkraut und Pumpernickel oder mit grünem Salat, Bauernbrot und Butter. So üppig allerdings wird er erst in jüngster Zeit serviert. Früher war er für viele arme Familien jahrein, jahraus die Hauptspeise. Denkt man an die Leineweber, die, als Handweben nicht mehr gefragt war, im Sommer nach Holland in die Ziegeleien gingen, um für den Winter Geld für die Lieben zu erarbeiten und fast ausschließlich von Erbsensuppe und Buchweizenpfannkuchen lebten, denkt man an die münsterländischen Heuerlinge, die ebenfalls im Sommer nach Holland gingen, um dort Torf zu stechen, so bezweifelt man die Beliebtheit des Gerichts. Denn monatelang war Buchweizenpfannkuchen, draußen am Arbeitsplatz über offenem Feuer zubereitet, das Mittagsmenü schlechthin.

250 g Buchweizen, 1/4 l kalter Bohnenkaffee mit Satz, 1/8 l Wasser oder Milch, 1 Teelöffel Salz, 2 Eier, 8 Schinkenscheiben, 4 Eßlöffel Schmalz, Rübenkraut und Pumpernickel

Aus Buchweizenmehl, Eiern und Salz wird unter Zugabe des kalten Kaffees ein dickflüssiger Teig bereitet, der mindestens 4 Stunden quellen muß. Jeweils 2 Scheiben Schinken mit Schmalz in der Pfanne ausbraten. Darauf gibt man eine Kelle Teig und backt den Pfannkuchen auf beiden Seiten braun aus. Wichtig ist, daß die Kuchen schön kroß sind. Sofort essen!

Mehl- oder Eierpfannkuchen

Auf den Höfen des Münsterlandes wird Mehlpfannkuchen oft mittags und abends anstelle von Fleisch zum Essen gereicht. Dabei stellt man folgende Kombinationen her:
1. Salzkartoffeln – saure Specksoße (s. Rezept S. 75) – grüner Salat – Pfannkuchen.
2. Milchsuppe – Pfannkuchen.
3. Schnibbelbohneneintopf – Pfannkuchen.
4. Abends: frisch zubereitet auf gebuttertem Stuten oder mit dem Rest des Gemüses vom Mittag, danach Milchsuppe.
5. Morgens: als kalter Rest auf gebuttertem Stuten zum 2. Frühstück.

250 g Mehl, 1/2 l Milch, 2 Eier, 1/2 Teelöffel Salz, Schmalz oder Öl

Die Eier mit Salz verschlagen, abwechselnd Mehl und Milch zugeben und zu einem glatten Teig rühren. Der Teig muß 1/2 Stunde quellen. Etwas Fett wird in der Pfanne erhitzt. Man läßt eine Suppenkelle voll Teig in die Pfanne laufen und backt den Teig von beiden Seiten goldgelb aus.

Dieser Teig wird im Münsterland gern vervollständigt:
I. Speckpfannkuchen. Dünne Speckscheiben werden kurz angebraten, darüber wird der Teig gegossen. Ebenso kann man mit Mettwurstscheiben verfahren.

II. Obstpfannkuchen. Dazu eignen sich frische Pflaumen, frische Kirschen, frische Äpfel.
Der Teig muß etwas dicker sein als beim einfachen Pfannkuchen. Man nimmt daher etwa 300 g Mehl.
Der Teig wird von einer Seite in der Pfanne gebraten. Man gibt auf die ungebratene Seite das geputzte und zerkleinerte Obst und wendet dann den Pfannkuchen. Mit Zucker bestreut servieren.
Wichtig ist, daß die Pflaumen halbiert und die Äpfel in feine Scheiben geschnitten sind. Wenn man etwas mehr Teig in die Pfanne gibt, gelingt der Pfannkuchen anfänglich besser.

III. Blaubeerpfannkuchen. Auf die eine Hälfte jeden gebackenen Pfannkuchens gibt man 2 Eßlöffel frische Blaubeeren, klappt die andere Hälfte des Pfannkuchens darüber und bestreut ihn mit Zucker.
Wie beliebt Pfannkuchen früher waren, zeigt der Ausspruch: „Was is dat för'n Iäten vandage – kien Pannekooken up'n Disk?!“ (Was ist das für ein Essen heute – kein Pfannkuchen auf dem Tisch?) In Mesum hieß früher ein Teil des Dorfes „Pannkookenveerdel“, weil dort regelmäßig in jedem Haushalt Pfannkuchen gebacken wurden.

Saure Specksoße

50 g Speck, 2 Zwiebeln, 30 g Mehl, 1/2 l Brühe oder Wasser, Salz, Pfeffer, Essig

In kleine Würfel geschnittener Speck wird ausgebraten. Man läßt die feingeschnittenen Zwiebeln darin gelb dünsten, gibt das Mehl hinzu, füllt die Mehlschwitze mit Wasser oder Brühe auf, kocht sie durch und schmeckt die Tunke mit Salz, Pfeffer und Essig säuerlich ab.

Struwen

Das tradionelle Mittagsgericht für den Karfreitag sind die Struwen. Sie bildeten früher mit Milchkaffee das einzige warme und sättigende Mahl an diesem Tag, denn in der Fastenzeit,

besonders in der Karwoche und vor allem am Karfreitag, wurde streng gefastet.
Alle Leute bereiteten nicht nur Haus und Hof auf das Osterfest vor, sondern auch sich selbst durch Fasten, durch Kreuzweg-Prozessionen und durch Beten. In den wenigen Gemeinden mit evangelischer Bevölkerung ruhte die Arbeit am Karfreitag ganz. In den überwiegend katholischen Gemeinden wurde wohl gearbeitet; nur für die Zimmerleute und Schmiede bestand absolutes Arbeitsverbot – ein deutlicher Hinweis auf die Kreuzigung Christi.

500 g Mehl, 3/8 l Milch, 40 g Hefe, 2 Eßlöffel Zucker, 1 – 2 Eier, 1 Teelöffel Salz, 30 g Butter, 125 g Rosinen oder Korinthen, Schale einer Zitrone, Fett zum Backen

Man rührt die Hefe mit etwas lauwarmer Milch an, gibt das Mehl in eine Schüssel und füllt die angerührte Hefe hinein. Vermengt mit etwas Mehl, muß sie 15 Minuten aufgehen. Dann gibt man die übrigen Zutaten hinzu, macht den Teig durch tüchtiges Schlagen geschmeidig, läßt ihn etwa 60 Minuten aufgehen und backt dann in der Pfanne kleine, runde Kuchen daraus. Man bestreut sie mit Zucker und Zimt. Zum Backen verwendet man Öl oder Schmalz. Struwen werden sofort aus der Hand gegessen. Reste gibt es abends kalt.

Eigene Rezepte & Notizen

Desserts

Alltag, Arbeit und einfache Kost lassen nur selten Zeit, um einen Nachtisch zu zaubern. Bei Festen ist das eine „andere Sache“. Da darf man zwischen 2 oder gar 3 Desserts wählen. Immer aber – wenn man auf Tradition hält – ist der „dicke Reis“ dabei. Die übrigen Nachtischideen ergeben sich aus der Bevorratung; aus Garten, Milchwirtschaft oder bequemer Resteverwertung.

Plundermilch

Die Milch muß frisch und nicht pasteurisiert sein. Sie wurde früher an warmen Tagen abends in eine flache Milchschale geschüttet, abgedeckt und am warmen Ort stehen gelassen. Am anderen Mittag aß man die säuerliche, leicht angedickte Milch als Kaltschale oder als Dessert mit Zimt und Zucker.

1 – 1 1/2 l Milch auf 4 – 6 Glasschälchen verteilen. Die Glasschälchen mit einem Tuch bedecken. Bei Zimmertemperatur säuert die Milch. Man kann den Vorgang des Säuerns auch verkürzen, indem man einen kleinen Becher Joghurt vorher unter die Milch mischt. Kurz vor dem Verzehr streut man nach Geschmack Zimt und Zucker über diesen vorzüglichen Nachtisch. Wichtig: Nicht mehr umrühren!

Stippmilch

500 g Quark, 3/8 l Milch, 2 – 3 Eßlöffel Zucker

Der Quark wird mit der Milch glatt verrührt und gesüßt.
Man reicht die Stippmilch mit Zimt und Zucker, oder aber man legt frische Früchte wie Erdbeeren, Himbeeren, Johannisbeeren, Pfirsiche, Aprikosen, Kirschen, Brombeeren oder Waldbeeren in eine Schale und deckt die Früchte mit Stippmilch ab.

Schmalzäpfel

Schmalzäpfel sind eine winterliche Delikatesse, die sowohl als Beilage zu Bratwurst, Braten, Wild und Geflügel gereicht werden, als auch – mit Zimt und Zucker bestreut – einen kräftigen Nachtisch abgeben.
In einem Fettopf zerläßt man soviel Schmalz, daß 8 – 10 feste Äpfel darin schwimmen können. Die

Äpfel nicht schälen, sondern mit einer Gabel nur einige Male einstechen. In das heiße Fett geben und darin braten, bis die Haut platzt. Mit einer Schaumkelle herausnehmen, auf eine feuerfeste Platte setzen und in den heißen Backofen schieben. So lange nachbacken, bis die Äpfel gar sind.

Buddeln

Veredelte dicke Gartenhagebutten werden einmal durchgeschnitten, mit einem Silberlöffel ausgehöhlt, in Sirup aufgekocht und in Gläser eingeweckt.
Schmeckt herrlich zu Vanille-Pudding.

Hagebuttencreme

750 g dicke Hagebutten (Buddeln), 2 Tassen Wasser, Zucker nach Geschmack, 2 Päckchen gemahlene Gelatine, Eischnee von 3 Eiweiß

Hagebutten aufschneiden, auskratzen und mit Wasser auf den Herd setzen. Weich kochen und durch ein Sieb passieren. Dann mit dem Zucker so lange kochen lassen, bis sich dieser ganz gelöst hat. Inzwischen die Gelatine quellen lassen und auflösen. In die noch heiße Creme rühren. Auskühlen lassen. Wenn die Creme zu gelieren beginnt, hebt man den Eischnee unter und füllt den Nachtisch in eine Glasschale.

Dicker Reis

Das ist ein allüberall beliebter Nachtisch an Sonn- und Feiertagen. Er wird örtlich verschieden mit Backobst, Zimt und Zucker, Schwarzbrot und Zucker oder mit Saft gegessen.

1 l Milch, 1 Tasse Wasser, 250 g Milchreis (Rundkornreis), 50 g Zucker, 1 Prise Salz

Den Reis waschen, mit einer Tasse Wasser und der Prise Salz aufsetzen und aufkochen. Die Milch zugeben und den Reis darin bei geringer Hitze ausquellen lassen. Dann süßen und kühl servieren.

Rhabarberkompott

1 kg Rhabarber, 1/4 l Wasser, 125 g Zucker, 2 - 3 Scheiben Stuten (s. Rezept S. 86)

Rhabarber waschen, schälen und in Stücke schneiden. Mit wenig Wasser nicht ganz weich kochen. Von der Kochstelle nehmen, Zucker einstreuen und verrühren. Der Stuten wird in Stücke gebrochen und in das Kompott gegeben. Er macht das Kompott sämig und nimmt die Säure ein wenig weg.

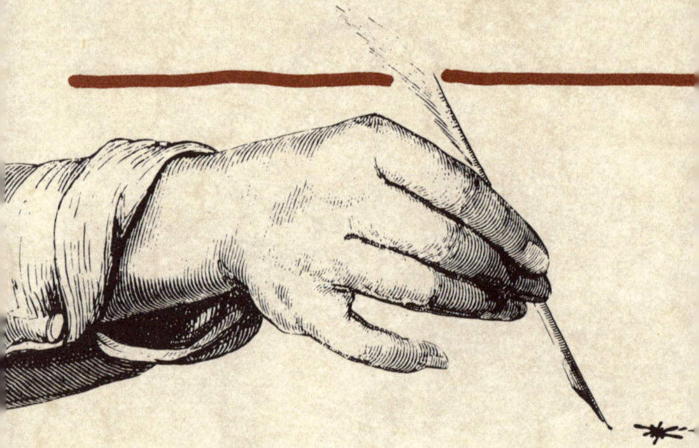

Eigene Rezepte & Notizen

Brot, Kuchen und Gebäck

Vom Brotbacken

In früheren Zeiten deckten die Leute auf dem Land durchweg ihren Brotbedarf mit selbstgebackenem Brot. Interessant ist es zu wissen, daß man nicht nur den berühmten Pumpernickel herstellte, sondern daß durchweg ein Roggenbrot, mit Sauerteig angesetzt, gebacken wurde. Zu besonderen Festtagen backte man außerdem auch Stuten, also Weißbrot, und in diesem Zusammenhang entstanden die bekannten Knabbeln.
Sie werden aus frischem, noch warmem Weißbrot aufbereitet. Man bricht das Weißbrot in große Stücke und schiebt sie nochmals in den Backofen zum Rösten oder Trocknen. Knabbeln waren früher landauf, landab die Basis für Fettsoppen oder Milchsoppen zum ersten Frühstück.
Gebacken wurde übrigens nur alle 14 Tage oder 3 Wochen, da der Backprozeß viel Arbeitsaufwand und Zeit erforderte. Durchschnittlich backte man dann 16 – 20 Brote.
Der Teig wird am Abend vor dem eigentlichen Backen mit Sauerteig angesetzt. Über Nacht „geht" und „fällt" der Teig. Am anderen Morgen wird dann das Backhaus (das sogenannte Backes) vorgeheizt. In den verschiedenen Teilen Westfalens nimmt man übrigens unterschiedliches Holz dazu, denn der Duft des Holzes beeinflußt den Geschmack des Brotes. Während das Backes also aufheizt, wird der Teig geknetet und zu Laiben geformt. Verschiedentlich backte man früher

rundes Brot, in das mit einem Messer ein Kreuz eingekerbt wurde. Um Platz im Backes zu sparen, formte man meistens jedoch längliche, „angeschobene“ Brote.
Das Backhaus ist nach etwa 2 Stunden heiß genug, dann wird es sauber gefegt und die Brote werden eingeschoben. Die Backzeit beträgt etwa 2 Stunden.
Heute geht es mit dem Backen im Ofen bequemer und kürzer. Und es ist sicher eine kleine Sensation, wenn die Familie oder die Gäste ein selbstgebackenes Brot vorgesetzt bekommen.
Hier sei vorgeschlagen, einmal selbstgebackenen Stuten zu servieren, und zwar als das bekannte „Westfälische Abendmahl“, so benannt nach dem Altarbild in der Soester Kirche „Maria zur Wiese“. Dazu kommt folgendes auf den Tisch: Stuten mit Butter, westfälischer Knochenschinken, Pumpernickel und der „Bullenkopp“ (Bier aus einem Steinzeugkrug).

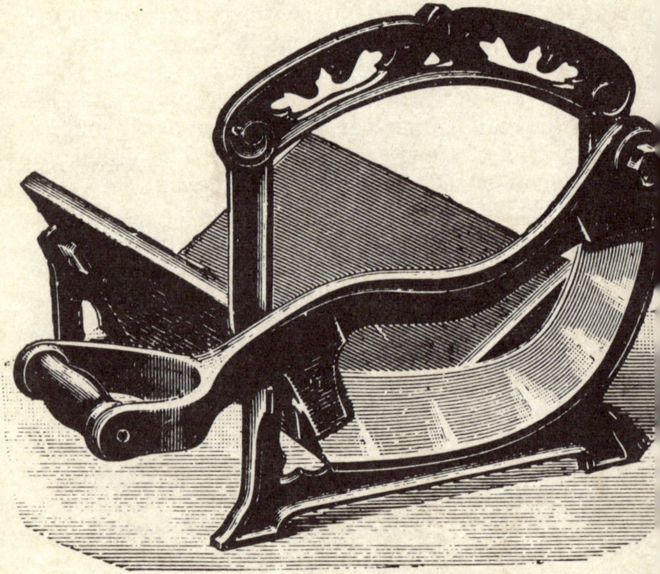

Stuten

1 kg Mehl, 1/2 l Milch (lauwarm), 40 g Hefe, 1/2 Eßlöffel Zucker, 1/2 Eßlöffel Salz, 50 g Schmalz

Die Hefe zerbröckeln, mit Zucker überstreuen und mit etwas lauwarmer Milch (1 Eßlöffel) glatt rühren. Die Hälfte des Mehls in eine tiefe Schüssel geben, in die Mitte eine Vertiefung drücken und die Hefe hineingeben, etwas Mehl überstreuen und zugedeckt warm stellen. In der Zwischenzeit die Milch mit dem Salz, mit Zucker und Fett aufwärmen und nach etwa 15 Minuten die lauwarme Flüssigkeit zu dem Mehl in die Schüssel rühren, bis sich alles gut vermischt. Wenn der Teig glatt ist, nach und nach den Rest des Mehls dazugeben und mit dem Kochlöffel oder dem Knethaken so lange schlagen, bis der Teig fest ist. Nun den Teig auf einem Brett mit den Händen sehr gut durchkneten, bis er sich leicht vom Brett löst. Dann in eine Schüssel geben und wieder zugedeckt etwa 25 Minuten lang gehen lassen (an einem warmen Ort). Wenn sich die Teigmenge verdoppelt hat, noch einmal kurz durchkneten, formen und wieder 15 Minuten lang zugedeckt gehen lassen. Nun in den vorgeheizten Backofen schieben und bei 200 Grad etwa 1 Stunde backen.

Knabbeln

Ein ofenwarmer Stuten wird in große Stücke gebrochen und im Ofen gelblich geröstet. Diese Knabbeln gibt man, kleiner gebrochen, in große, weit offene Tassen, bestreut sie mit viel Zucker und übergießt sie mit heißer Milch. Die Haut auf der Milch, Schmand genannt, krönt dieses 1. Frühstück. Abwandlung: Mischkaffee (Malzkaffee und Milch).
Die Rezepte für Soppen, in denen Knabbeln die Grundlage bilden, finden Sie auf Seite 23.

Pumpernickel

Das Wort Pumpernickel für diese Art dunklen Brotes war ursprünglich ein Schimpfwort, das die Franzosen ihm gaben. Die Münsterländer nennen es Schwarzbrot oder in Plattdeutsch kurz „Braut". Es ist ein aus ungebeuteltem Roggenmehl und Sauerteig gebackenes dunkles, schweres Brot, das zwar nicht besonders leicht verdaulich, aber durch die ganze Fülle der Kornkraft gesund und nahrhaft ist.

Viel Sagenhaftes erzählt man sich vom Schwarzbrot. So sollen früher Haustiere, die neu miteinander aufgestallt wurden und sich nicht vertrugen, mit Pumpernickelbrühe übergossen worden sein. Auch Leute, die sich nicht leiden konnten, wurden angeblich mit Brotwasser gewaschen, denn das Schwarzbrot hat einen scharfen Geruch. Und obwohl man sich zuvor nicht „riechen" konnte: Plötzlich war da kein Unterschied mehr!

Schon der abenteuerliche Simplicius Simplicissimus gewöhnte sich an seinen Genuß. Erst klagte er: „...so kam es, daß ich die trockenen Pumpernickel gewaltig beißen und mich mit Wasser oder auch mit dünnem Bier behelfen mußte, welches mir eine abgeschmackte Sache war, wurde mir doch meine Kehle von dem schwarzen trockenen Brot ganz rauh und mein ganzer Leib ganz mager." Doch später, „...da (in Soest) lernte ich das schwarze Brot fingerdick mit gesalzener Butter schmieren und mit Käse belegen, damit es desto besser rutsche."
Wie das Roggenbrot und der Stuten, so wurde auch das Schwarzbrot im eigenen „Backes" (Backhaus) des bäuerlichen Hofes gebacken. Man backte es nur alle 14 Tage, da der Teig eine langwierige Behandlung erforderte. Der Großknecht mußte ihn mit den Füßen trampeln und kneten. Dann ruhte der Teig 1 bis 2 Tage lang und wurde anschließend wieder vom Großknecht bearbeitet. Die Laibe wurden wie Ziegelsteine kantig geformt und wogen bis zu 40 Pfund. Wen wundert es da, daß sie eine ganze Nacht lang, je nach Größe bis zu 24 Stunden, im gut abgedichteten Backes backen mußten.
Im „Brotschapp", dem Brotschrank, wurden die Brote aufgehoben. Dem Großknecht oblag es, jeden Morgen die Tagesrationen zu schneiden.
Und so wird es gegessen:
1. Mit Butter bestreichen, mit Wurst oder Schinkenscheiben belegen.

2. Eine deftige Scheibe Stuten buttern, mit Schinkenscheiben belegen und mit gebuttertem Schwarzbrot bedecken. Dazu schmecken Gewürzgürkchen gut.
3. Alt und hart gewordene Krusten und Restscheiben zerkrümeln und zu Suppen, Soppen, Desserts und Kuchen verwerten.

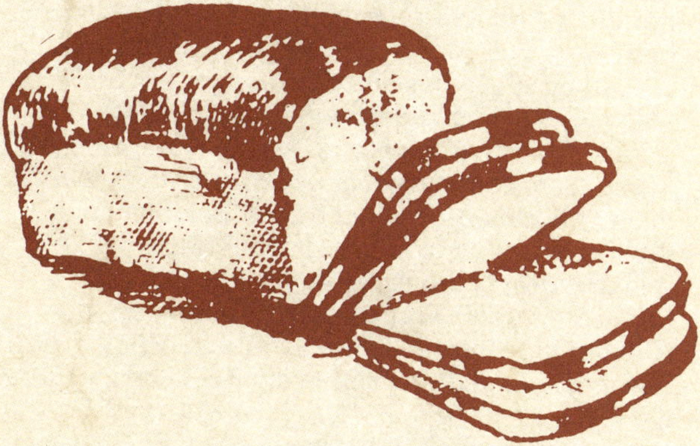

Sonntagsbrot „Kooken“

Da früher kaum Kuchen gebacken wurde (Aufwand und Zutaten waren zu teuer), der Sonntagnachmittag aber doch versüßt werden sollte, backte man samstags mit dem übrigen Brot zu-

sammen auch ein besonders süßes, saftiges Brot, den „Kooken“, in den oft Korinthen, Rosinen und getrocknete Birnen – in Würfel geschnitten – eingearbeitet wurden. Mit Butter bestrichen und mit Prüttkaffee dazu – da konnten die Verwandten ruhig zu Besuch kommen.
Einen besonderen Brauch um diese Kooken gab es früher an Weihnachten. Die „Kookendage“ dauerten von Weihnachten („Sünte-Steffens-Dag“) bis Dreikönige. In dieser Zeit wurden nur die nötigsten Arbeiten verrichtet. Die Nachbarn besuchten sich gegenseitig und hielten ein „Praötken“ über dies und das aus dem wechselvollen Geschehen des Alltags der letzten Wochen. „Kooken“ kann nun nicht so verstanden werden, daß ausschließlich Kuchen gegessen wurde. Vielmehr gehörten Brot, süßer Stuten, Schinken und die frischen Würste aus der letzten Hausschlachtung ebenso dazu. Zu trinken gab es Bier und Korn, für die Frauen „Klünteken-Korn“, das ist Korn mit einem Kandiswürfel, also „Sööter“.
Besondere Bedeutung hatten die Kookendage für das Gesinde. Es bekam – als einzigen Urlaub im Jahr – in dieser Zeit drei Tage frei, um die Eltern besuchen zu können. Auf großen Höfen wurde der Urlaub geteilt, so daß einige Knechte und Mägde vor Neujahr und die anderen nach Neujahr „Henn-Kooken“ gingen. Der Bauer entließ das Gesinde mit einem großen runden Bauernstuten und der Frage: „Wo gehste henn?“ Die fröhliche Antwort lautete: „Henn-Kooken!“ Kamen die Leute nach

den drei Tagen zurück, so wurde gefragt: „Wo kümmste her?“ Und mit gespielter Traurigkeit wurde geantwortet: „Van't Kooken!“

1 kg Mehl, 3/8 l Milch, 60 g Hefe, 125 g Zucker, 100 g Butter, 2 Eier, 1 Teelöffel Salz, je eine Handvoll Rosinen und Korinthen

Die Hefe zerbröckeln, mit Zucker überstreuen und mit etwas lauwarmer Milch (3 Eßlöffeln) glatt rühren. Die Hälfte des Mehls in eine tiefe Schüssel geben, etwas Mehl überstreuen und zugedeckt warm stellen.
In der Zwischenzeit die Milch mit dem Salz, mit Zucker und Fett anwärmen und nach etwa 15 Minuten die lauwarme Flüssigkeit zu dem Mehl

in die Schüssel rühren, bis sich alles gut vermischt. Wenn der Teig glatt ist, nach und nach den Rest des Mehls und die übrigen Zutaten dazugeben und mit dem Kochlöffel oder dem Knethaken so lange schlagen, bis der Teig fest ist. Nun den Teig mit den Händen sehr gut durchkneten, bis er sich leicht vom Brett löst. Dann in eine Schüssel geben und wieder zugedeckt etwa 25 Minuten lang gehen lassen (an einem warmen Ort). Wenn sich die Teigmenge verdoppelt hat, noch einmal kurz durchkneten, zu runden Broten formen und wieder 15 Minuten lang zugedeckt gehen lassen. Die Laibe auf ein Backblech legen, mit Milch bestreichen und mit etwas Zucker bestreuen. Mit dem Messer ein Kreuz ritzen. Bei 200 Grad 45 – 60 Minuten lang backen.

Appeltate

Noch zu Zeiten unserer Großmütter waren Kuchen und Torten nur den großen Festen vorbehalten. Und auch dann backte man keine teuren und raffinierten Torten, sondern man wellte guten Hefebrotteig auf einem Backblech aus und belegte ihn mit Obstmus oder mit Streuseln.

Zunächst siehe Rezept „Kooken"-Teig, jedoch ohne Rosinen oder Korinthen;
2-3 große Gläser Apfelmus, 2 Eigelb, etwas Hagelzucker

Zwei Drittel des Teiges auf einem gefetteten Backblech ausrollen und gehen lassen. Dann das Mus dick daraufstreichen. Den restlichen Teig ausrollen und mit einem Kuchenrädchen in Streifen rädeln. Diese Streifen gitterartig über das Mus legen, mit verschlagenem Eigelb bestreichen und mit Hagelzucker bestreuen. Bei 200 Grad etwa 30 – 45 Minuten lang abbacken. Frisch, aber erkaltet in große Stücke schneiden und sofort essen.

Eiserkuchen „Niejöhrkes"

Am letzten Tag des Jahres wurden in fast allen Familien Westfalens Eiserkuchen gebacken. Daran beteiligte sich die ganze Familie. Früher wurden gußeiserne runde Backzangen mit kunstvollen

Motiven und langen Stielen dazu genutzt; man hielt sie in das offene Herdfeuer. Heute gibt es elektrische Backgeräte. Die Hörnchen werden am Neujahrstag dem Besuch angeboten. Daher heißen sie auch „Niejöhrkes“.

65 g Butter, 250 g Zucker, 1 Päckchen Vanillezucker, 2 Eier, 250 g Mehl, 3/8 l Wasser, 1 Teelöffel gestoßener Anis

Die Butter schaumig rühren, dabei nach und nach Zucker und Eier hineinrühren. Das gesiebte Mehl abwechselnd mit dem Wasser unterrühren. Der

Teig muß ziemlich dünn sein. Eiserkucheneisen erhitzen und mit einer Speckschwarte fetten. Einen großen Löffel voll Teig auf das Eisen geben, zuklappen und goldbraun backen. Das hauchdünne Gebäck schnell vom Eisen lösen und zu Tüten oder Röllchen wickeln. In Blechdosen halten sich diese Eiserkuchen über Wochen hinweg knusprig frisch. Früher verwahrte man sie in Milchkannen auf.
Wer das Glück hat, alte Backzangen zu besitzen oder kaufen zu können, der sollte im Winter – um die Weihnachtszeit – Gäste einladen, um mit ihnen gemeinsam am Herdfeuer „Piepkooken“, wie sie auch wohl genannt werden, zu backen. Der Teig für die gußeisernen Zangen aber muß dicker sein als der für die elektrischen Geräte.
Beim Backen im Herdfeuer sollte man einen dicken Baumstumpf vor die Glut legen. Er nimmt das mühevolle Halten der Zangen ab. Eine weiche Teigkugel zwischen die heißen, gefetteten „Backen“ geben und die Kuchen in der Glut bräunen lassen.

Appelstütkes

Besonders im Herbst, wenn die ersten frischen Äpfel reif sind, schmeckt dieses Gebäck gut. Ich kann mich gut erinnern, daß ich als Kind nur **den** Bauern bei der Kartoffelernte half, von denen ich wußte, daß es bei ihnen zur Kaffeezeit Appelstütkes gab. Der Lohn war nebensächlich!

500 g Mehl, 40 g Hefe, 1/4 l Milch (lauwarm), 1/2 Teelöffel Salz, 60 g Schmalz und Margarine, 40 g Zucker, 8 mürbe Äpfel

Den Teig wie bei „Kooken" herstellen. Dann dünn ausrollen. Anschließend wäscht man die Äpfel, bohrt das Kerngehäuse heraus und legt je einen Apfel auf ein viereckiges Stück Teig. Man bepinselt die Ränder des Teiges mit Eigelb, bestreut die Äpfel mit Zucker, schlägt den Teig von den vier Ecken aus über den Apfel und bestreicht ihn mit Eigelb. Die Äpfel werden bei starker Hitze gebacken und nach dem Backen mit Zuckerglasur bestrichen.

Spekulatius

Dieses Weihnachtsgebäck ist ursprünglich in Holland beheimatet, hat aber auch in Westfalen festen Fuß gefaßt. Auf wohl keinem Weihnachtsteller fehlen die kleinen, in speziellen Holzmodeln geformten Gebildbrote. Ihr Name „Spekulatius" rührt von dem lateinischen Wort „speculator", d.h. Aufseher, Bischof, her. Denn die Plätzchen werden seit jeher zu Ehren des hl. Nikolaus gebacken, dessen Namenstag in Holland ganz besonders gefeiert wird.

250 g Butter, 2 Eier, 300 g Zucker, 1/2 Teelöffel Zimt, 1 Messerspitze gemahlene Nelken,

1 Messerspitze gemahlener Kardamom, 1 Prise Salz, 500 g Mehl

Butter und Zucker schaumig rühren, Eier zugeben und cremig schlagen, dann nach und nach alle

anderen Zutaten einarbeiten. Von dem Mehl nimmt man etwa 400 g, um einen festen Knetteig zu erhalten. Den Rest des Mehls braucht man zum Ausrollen und Bestäuben des Models und des Backblechs. Den Teig über Nacht ruhen lassen. Model mit Mehl einstäuben, Teig in die Vertiefung pressen und den überstehenden Rest mit einem Messer abschaben. Die Plätzchen aus der Form schlagen und auf ein gefettetes, bemehltes Backblech legen. Wenn Sie kein Model besitzen, nehmen Sie andere Plätzchenausstechformen! Im vorgeheizten Backofen bei 200 Grad etwa 10 Minuten abbacken.
Eine verfeinerte Art sind die Mandelspekulatius. Da werden, wenn der Teig in den Modeln steckt, Mandelblättchen auf die Flächen gepreßt. Die Mandeln sind also bei Abbacken auf der Unterseite.

Pfefferkuchen

Das Münsterland ist nicht gerade ein Pfefferkuchenland, wie man es von Schlesien und Sachsen/Thüringen behauptet. Trotzdem aber hat es auch hier etliche Pfefferkuchenbäckereien gegeben. Greven und Kamen (allerdings nur bis 1856) sind große Namen für eine Industrie, die alle Jahrmärkte der Umgebung mit diesen süßen Leckereien versorgte. Wer kennt sie nicht, die weißen und dunklen runden Pfefferkuchen, die buntbemalten Lebkuchenherzen und die länglichen Printen? Ein köstlicher Gewürzduft zieht durch das Haus, wenn man diese Gebäcke abends zu Glühwein oder gewürztem Tee verzehrt.

500 g Honig, 500 g Zucker, je 1 Teelöffel Kardamom, Nelken (gemahlen), 1 kg Mehl, 2 Eier, 250 g gemahlene Mandeln, 50 g gewürfeltes Zitronat, 15 g Pottasche, in 4 Eßlöffel Wasser gelöst, Zuckerguß und etwas Zitronensaft oder Wasser

Die gemahlenen Mandeln und das gehackte Zitronat werden mit dem Mehl vermengt. Honig und Zucker auf dem Herd aufkochen und mit den Gewürzen mischen. Diese heiße Masse wird von der Mitte aus in das Mehl gearbeitet, so daß ein weicher Brei entsteht. Wenn die Masse abkühlt, gibt man die verschlagenen Eier und die aufgelöste Pottasche zu und rührt sie unter den Teig. Dann knetet man den Rest des Mehls in diesen weichen Teig, bis er nicht mehr klebt. Er wird etwa 1/2 cm dick ausgerollt und mit verschiedenen Formen zu Plätzchen ausgestochen. Bei Mittelhitze etwa 15 Minuten abbacken. Nach dem Auskühlen mit Glasur bestreichen.
Der Pfefferkuchen schmeckt erst nach ein paar Tagen so richtig gut. In Blechdosen aufbewahrt, hält er sich monatelang frisch.

Eigene Rezepte & Notizen

Getränke

Vom Bierbrauen

Bier wurde früher in fast jedem Haushalt des Münsterlandes gebraut. Auf großen Höfen gab es dafür eigene Brauhäuser, spiekerähnliche Gebäude. In den kleineren Haushalten wurde auf dem Herd gebraut. Dazu konnten auf den Rathäusern für ein geringes Entgelt kupferne Braupfannen entliehen werden. Zum Backen und Brauen diente in der Regel ein süßlicher Mehlbrei aus geröstetem und zerkleinertem Getreide. Zum Würzen und Haltbarmachen nahm man Hopfen und Malz. Da Bier durch die Gärung von

gesundheitsschädlichen Keimen gereinigt war, wurde es nicht nur gern getrunken, sondern sogar von Staats wegen verordnet.
Dem Gesinde stand pro Tag ein gewisses Quantum zu, und in den Annalen des Fürstbischofs Bernhard von Raesfeld aus dem Jahre 1502 kann man die Verordnung nachlesen, daß er den Leuten des Armenhauses in Billerbeck „jeden Tag einen Krug Bier und ein Pfund Schwarzbrot" zusicherte. Und in einem Speisezettel aus dem Jahre 1759, den die Großmutter der Dichterin Annette von Droste Hülshoff schrieb, heißt es:

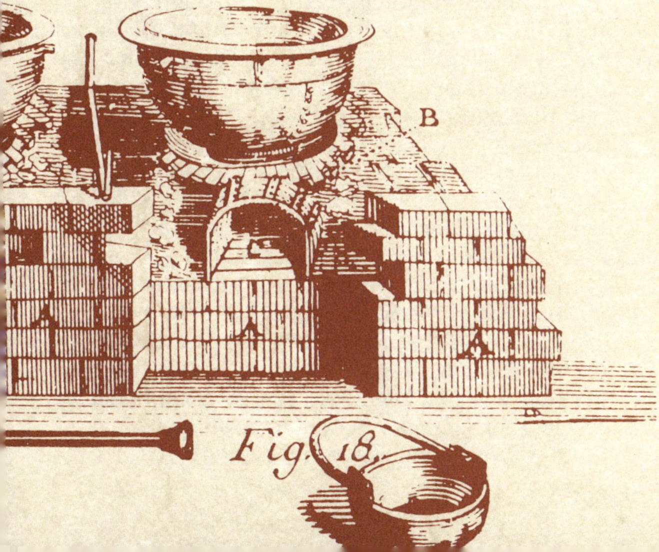

„Die Reisigen (Jäger, Pförtner, Kutscher, Diener) bekommen von Maitag bis Michaelis (29.9.) alle Morgen Warmbier, von Wasser und Milch mit Grobbrot (Schwarzbrot) und Roggenmehl gekocht, und einen Soppen von Grobbrot, am Fleischtag mit Altfett, am Fasttag mit Öl und Saur (Essig) begossen. Die Reisigen bekommen auch alle Morgen am Fleischtag weißes Schmalz, von Ungel (Rinderfett) und Schmalz gemacht, und ein jeder alle Morgen eine Kanne Bier und am Fasttag anstelle des Schmalzes Butter, sommertags bekommen sie am Fasttag, wenn Käse da ist, anstelle von Soppen Käse....“

Um die Jahrhundertwende traten größere Braustuben und Brauereien hervor. Und damit ging auch die Herstellung von Dünnbier und die Bereitung von „Warmbier“, einer aus Wasser, Milch und Schwarzbrot gekochten Morgenmahlzeit, zurück. Daß Bier natürlich nicht nur Durstlöscher bei der Arbeit war, sondern sich auch bei Festlichkeiten großer Beliebtheit erfreute, zeigt folgende Tatsache: Der Begriff „Fest“ war so eng mit der Vorstellung „Bier“ verbunden, daß man beide Wörter austauschte. So sagte man statt Schützenfest Schützenbier und statt Maifest Maibier. Ein weiteres Beispiel dafür sind die sogenannten Bierscheiben. Der mit bäuerlich-handwerklichen Motiven bemalte Fensterschmuck aus Glas war zwischen 1600 und 1800 ein beliebtes Festgeschenk. Da der Schenkende allemal eines guten Bieres sicher sein konnte, nannte der

Volksmund die gläsernen Kostbarkeiten kurzerhand Bierscheiben.

Altbierbowle

Frische Früchte (Erdbeeren, Himbeeren, Ananas) zuckern und Saft ziehen lassen. 1 – 2 Eßlöffel in ein Altbierglas füllen und mit Altbier auffüllen. Im Winter nimmt man Früchte aus dem Glas oder aus der Dose.

Aufgesetzter

Diese Art Likör wird von altersher und auch heute noch vielfach in den Haushaltungen selbst hergestellt. Als es die heutige Vielfalt des Angebotes an alkoholischen Getränken noch nicht

gab, waren der Aufgesetzte oder der „Korn" oft die einzigen Spirituosen im Haus. Während der Korn oft vor oder nach einem kräftigen Essen zur besseren Verträglichkeit und Verdauung getrunken wurde, hob man den Aufgesetzten für den Besuch auf. Was wäre so ein Kaffeeklatsch ohne ein Gläschen vom Aufgesetzten gewesen? In großen Korbflaschen angesetzt und nach dem Durchziehen auf Flaschen abgefüllt, stand er immer bereit.
Uns so wird's gemacht: Eine große Korbflasche zu einem Drittel mit reifen, gut gewaschenen und verlesenen schwarzen Johannisbeeren füllen. Darüber eine dicke Schicht weißen Kandiszucker geben und mit 32%igem „Klaren" auffüllen. Die Flasche sollte 14 Tage lang hell und warm stehen. So geben die Früchte schneller und intensiver ihr Aroma ab, und der Zucker löst sich besser. Danach den Aufgesetzten einige Wochen lang im dunklen Keller kühl halten. Erst dann in Flaschen umfüllen, diese gut verschließen und bis zum Verzehr kühl stellen. Die übrigbleibenden Beeren als Beilage zu Desserts verwerten oder im Kuchen mitbacken.

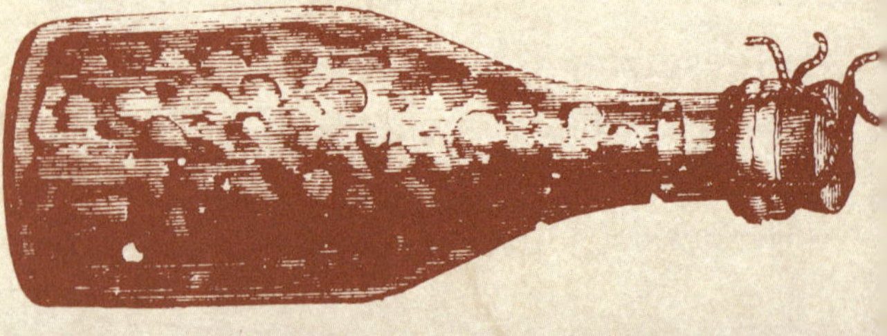

Prüttkaffee

Pro Tasse benötigt man 1 – 2 gehäufte Löffel feingrießigen Bohnenkaffees.
Kanne vorwärmen, frisch sprudelndes, kochendes Wasser aufgießen, mit dem Löffel umrühren, 10 Minuten ziehen lassen. Unsere Oma nahm eine Prise Salz bzw. Kakao dazu.
Tip: Die Kanne sollte unten möglichst breit sein, damit das Kaffeemehl sich setzen kann.

Eigene Rezepte & Notizen

Suppen und Suppeneintöpfe

Gemüse und Gemüseeintöpfe

Register

Hausschlachtung

Fleischgerichte

Kartoffel- und Pfannengerichte

Desserts

Brot, Kuchen und Gebäck

Getränke